# O Bom Monstrinho

Editora Appris Ltda.
1.ª Edição - Copyright© 2024 do autor
Direitos de Edição Reservados à Editora Appris Ltda.

Nenhuma parte desta obra poderá ser utilizada indevidamente, sem estar de acordo com a Lei nº 9.610/98. Se incorreções forem encontradas, serão de exclusiva responsabilidade de seus organizadores. Foi realizado o Depósito Legal na Fundação Biblioteca Nacional, de acordo com as Leis nºs 10.994, de 14/12/2004, e 12.192, de 14/01/2010.

Catalogação na Fonte
Elaborado por: Josefina A. S. Guedes
Bibliotecária CRB 9/870

| | |
|---|---|
| S586o<br>2024 | Silva, Alex<br>    O bom monstrinho / Alex Silva. – 1. ed. – Curitiba: Appris, 2024.<br>    28 p. : il. ; 23 x 16 cm.<br><br>    Ilustrações: Lucielli Trevizan<br>    ISBN 978-65-250-6003-3<br><br>    1.Psicologia. 2. Educação. 3.Comportamento. I. Silva, Alex. II. Título.<br>                                                                     CDD – 150 |

Editora e Livraria Appris Ltda.
Av. Manoel Ribas, 2265 – Mercês
Curitiba/PR – CEP: 80810-002
Tel. (41) 3156 - 4731
www.editoraappris.com.br

Printed in Brazil
Impresso no Brasil

## FICHA TÉCNICA

| | |
|---:|:---|
| EDITORIAL | Augusto Coelho |
| | Sara C. de Andrade Coelho |
| COMITÊ EDITORIAL | Marli Caetano |
| | Andréa Barbosa Gouveia - UFPR |
| | Edmeire C. Pereira - UFPR |
| | Iraneide da Silva - UFC |
| | Jacques de Lima Ferreira - UP |
| SUPERVISOR DA PRODUÇÃO | Renata Cristina Lopes Miccelli |
| PRODUÇÃO EDITORIAL | Miriam Gomes |
| REVISÃO | Arildo Junior |
| | Alana Cabral |
| PROJETO GRÁFICO | Lucielli Trevizan |
| REVISÃO DE PROVA | Jibril Keddeh |

# Alex Silva

# O Bom Monstrinho

Ilustrações Lucielli Trevizan

**Appris** editora

*Para todos os papais e as mamães
que têm coragem para educar seus filhos.*

# AGRADECIMENTOS

Agradeço às mulheres da minha vida:

Minha mãe, pela vida e pela educação

Minha esposa, pelo amor e pela parceria

E minha filha, por eu nunca mais questionar o sentido da vida.

**Mamãe monstro não deixava seu monstrinho correr na pracinha,**

**Pois ele podia cair e se machucar.**

**Monstrinho dormia na cama
com o papai e com a mamãe,**

**Pois o monstrinho tinha medo
de dormir sozinho.**

**Papai monstro sempre trazia brinquedos pra compensar, Pois estava cansado quando monstrinho queria brincar.**

Monstrinho ficava horas no celular jogando um jogo legal. Mamãe monstro também ficava na sua rede social.

**Monstrinho chorava pra ir à escola**

**Tinha medo de ficar longe dos seus pais**

Monstrinho jogava tudo pro ar

Se tivesse que esperar demais.

Monstrinho pedia pra mamãe o que o papai não deixava

Monstrinho pedia pro papai o que a mamãe não deixava

Monstrinho não podia ouvir um "não" que se emburrava

E a mamãe olhava pro papai

e às vezes até chorava.

O que será que acontece com nosso filhinho?

Damos tudo pra ele e ele não é um bom monstrinho.

Um psicólogo a mamãe monstro procurou

E ele logo os acalmou:

Fiquem tranquilos,

Seu monstrinho vai ficar bem

Façam o seguinte...

**Deixem seu monstrinho correr**

**Monstrinhos precisam gastar energia e se arriscar**

Se ele ralar o joelho,

logo vai sarar.

Leve o monstrinho pra dormir na caminha dele

Monstrinhos precisam ser independentes

Leia uma historinha e diga que lá é seguro

Deixe uma luz acesa se o problema for o escuro.

Mesmo cansados, dediquem meia hora pra brincar

Brinquedo sem brincadeira não adianta se comprar

Ah, e no máximo duas horinhas

de tela de celular!

Papai e mamãe devem suportar a birra

O monstrinho precisa aprender a esperar

Se ele se atirar no chão,

ele vai ter que se levantar

E não adianta pedir pra mamãe

o que o papai não puder dar

Pois a resposta será a mesma

não importa quem falar.

Se fizer desse jeitinho

Monstrinho vai melhorar

Vai se tornar um monstrão grande

E não vai ter medo de assustar!

**Alex S. da Silva** é psicólogo social e educacional e O Bom Monstrinho é o seu primeiro livro. Vive em Canoas, Rio Grande do Sul, com sua esposa, sua filha e seus bichos. Sua família é sua constante motivação para tudo. Gosta de jogar todos os jogos a que for convidado e é apaixonado pela psicologia e pela educação inclusiva. Este livro é inspirado no seu trabalho como psicólogo educacional em uma escola de educação infantil.

**Lucielli Trevizan** é ilustradora, diagramadora, diretora de arte e escritora. Formada em Design Gráfico pela UTFPR, pós-graduanda em Produção Editorial pela LabPub. Mora em Curitiba/PR. É apaixonada por gatos e pela arte, ama dar vida à histórias e sonhos por meio das ilustrações.
Contato: luciellimahira@gmail.com
Instagram: @lucielliarte